Sigrid Heinzmann

Rebendeko
rund ums Jahr

AUGUSTUS

Inhalt

4 Material und Hilfsmittel

6 Frühlingserwachen
auf der Gänseweide

9 Meister Lampe

10 Hahn im Korb

12 Österliche Spirale

13 Von Herzen

14 Rosenarrangement

16 Strandgut

19 Im Garten

20 Fülliger Herbst

22 Fruchtmond

23 Himmlischer
Weihnachtsstern

24 Weihnachtsbaum
im Gründekor

26 Gefüllter Weihnachtskorb

29 Weihnachts-Rebenteller

30 Weihnachtlicher
Sternenzauber

Material und Hilfsmittel

Rebengeflechte

sind in Bastel- oder Gartenfachmärkten erhältlich. Beim Kauf haben Sie die Wahl zwischen zahlreichen Grundmaterialien und Formen; beispielsweise gibt es Geflechte aus Weide, Birkenzweigen, Wein- oder Knöterichranken, als Kränze, Spiralen, Tierformen, Sterne, Mond und vieles mehr – sowie loses Rebengestrüpp zum Selberbinden.

Die meisten geflochtenen Rebenformen werden naturbelassen oder lackiert angeboten, bestimmte Motive – wie z. B. Sterne oder Mond – sind auch in Silber oder Gold besprüht erhältlich.

Steckmasse (Styrofoam)

für Trockengestecke wird in Kugel- oder Ziegelform angeboten und lässt sich mit einem Messer problemlos auf die gewünschte Größe zuschneiden.

Steckdrähte

von 0,5 bis 0,8 mm Durchmesser werden zum Andrahten oder Verlängern von Blumen, Zapfen und Dekoteilen verwendet. Stärken von 1,2 bis 1,4 mm Durchmesser eignen sich zum Befestigen von Kerzen oder schwereren Dekorationsmaterialien in Kränzen oder Gestecken.

Binde- und Wickeldrähte

von 0,35 bis 0,5 mm Durchmesser werden zum Andrahten, Abbinden oder Bündeln von Blumen, Gräsern und Früchten eingesetzt. Sämtliche Drähte sind in Bastel-, Garten- oder Eisenwarengeschäften erhältlich.

Golddrähte

in der Stärke 0,3 bis 0,6 mm Durchmesser werden zum Andrahten, dekorativen

4

ren von Zweigen oder kleineren Partien in Gestecken verwendet.

Feen- oder Engelshaar

in Silber, Gold und Kupfer ist in Bastel- und Dekofachmärkten erhältlich. Es eignet sich hervorragend zum großflächigen Belegen von Kränzen, Gestecken oder als Tischdekoration und verleiht den Arbeiten einen edlen Charakter.

Dekorative Accessoires

wie Seidenblumen, Gräser, Kugeln, Früchte, Bänder, Moose und vieles mehr finden Sie in reicher Auswahl in gut sortierten Bastel- oder Gartenfachmärkten.

Werkzeuge

Zum Schneiden von Naturmaterialien wie Gräsern, Blättern oder Rebenmaterial benötigen Sie eine feste Schere oder Zange. Für feinere Arbeiten sollten Sie eine zweite Schere griffbereit zur Hand haben. Mit einer Drahtschere oder Kombizange werden Steckdrähte abgetrennt oder Seidenblumenstiele gekürzt.

Klebstoff

Zum Befestigen der Einzelteile in einem Gesteck oder Kranz empfiehlt es sich, mit der Heißklebepistole zu arbeiten. Der Heißkleber trocknet besonders schnell, haftet auf fast allen Materialien und erlaubt deshalb ein zügiges Dekorieren – ohne dass die jeweiligen Materialien angedrahtet sein müssen.

Umwickeln einzelner Bestandteile oder als eigenständige Accessoires in Gestecken und Kränzen genutzt.

Bouillondraht

in Gold, Silber oder Kupfer können Sie – wie die Golddrähte – in unterschiedlichen Stärken in Bastel- oder Schreibwarengeschäften kaufen. Die spiraligen Drahtwicklungen werden nach Bedarf in die Länge gezogen und zum Dekorie-

Frühlings- erwachen auf der Gänseweide

Mit diesem farbenfrohen Gruß stellen sich die ersten Frühlingsgefühle ein.

Das wird gebraucht

Feiner Rebenkranz, Ø 25 cm
2 Holzgänse
2 Efeuranken
1 Bund Löwenzahn
5 Holzkugeln, bunt, Ø 20 mm
6 Holzkugeln, bunt, Ø 8 mm
9 Holzscheiben, bunt, Ø 15 mm
3 Gras- oder Binsenhalme
1 Stängel Wiesenschaumblüten
1,50 m schmales Satinband, gelb
Reisig
Heu
Bindedraht

Zunächst befestigen Sie nun den gelben Löwenzahn vor dem Gänsepaar; außerdem werden einzelne Blütendolden zwischen den Efeublättern platziert. Aus losem Heu und Reisig mit Draht kleine Büschel binden und diese locker im Kranz verteilen. Auf Binsenhalme oder dicke Grashalme schieben Sie die bunten Holzscheiben und kleben an den Enden jeweils die Holzperlen fest. Diese originellen Schmuckelemente werden zusammen mit einzelnen großen Holzkugeln dekorativ im Kranz angeordnet. Mit dem gelben Satinband hängen Sie das Arrangement auf.

So wird's gemacht

Eine Efeuranke um den Kranz winden und mit Draht oder der Klebepistole befestigen. Die zweite Efeuranke wird so angebracht, dass sie dekorativ nach unten aus dem Kranz fällt. Kleben Sie anschließend die Gänse im Kranzinneren fest.

● Tipp ●

Aus losem Reisig, das seit kurzem in Bastel- oder Gartenfachmärkten beutelweise abgepackt erhältlich ist, können Sie Ihren Wunschkranz leicht selbst anfertigen.

Meister Lampe

Je nachdem, ob Sie den fröhlichen Gesellen nur auf einer oder auf beiden Seiten ausarbeiten, lässt er sich als Wand- oder Fensterschmuck einsetzen.

Das wird gebraucht

Fertiger Rebenhase
1 Plastiknase, Ø 25 mm
2 Wackelaugen, Ø 15 mm
1 Bund, Tulpen, blau
2 Bund, Primeln, weiß
3 Holzeier, bemalt
1 Beutel Feenhaar, weiß
3 m schmales Seidenband, blau
1,50 m schmales Seidenband, weiß
1 Efeuranke
Bindedraht, grün

So wird's gemacht

Befestigen Sie zunächst die Efeuranke an einigen Stellen mit Draht quer über dem Rebenkörper. Für die beidseitige Ausarbeitung biegen Sie nun den blauen Tulpenbund mittig auseinander und kleben die Rebenform mit der Klebepistole dazwischen. Zum besseren Halt kann das Rebengestell zusätzlich mit Draht im Strauß befestigt werden.

Auf der Vorder- und Rückseite des Geflechts wickeln Sie je einen Primelbund mit Bindedraht am Endstiel des Tulpenbundes fest. Das zu kleinen Büscheln geformte Feenhaar wird angedrahtet und zusammen mit den bunten Holzeiern zwischen die Blumen geklebt.

Auch für Bart und Haarschopf des Hasen schneiden Sie zwei Feenhaarbüschel zu und kleben diese zusammen mit den Wackelaugen und der Nase auf. Aus den weißen und blauen Satinbändern Mehrfachschleifen legen, in der Mitte andrahten und als Abschluss am Tulpenstiel befestigen. Zur Verschönerung kann der Tulpenstiel mit grünem Kreppband umwickelt werden.

Binden Sie Meister Lampe aus einem Teil des blauen Satinbandes eine Schleife um den Hals, deren Enden gleichzeitig als Aufhängung dienen.

Hahn im Korb

Ein erhabener Platz für den stolzen Hahn – oder ein originelles Osternest mit Bewachung.

Das wird gebraucht

Fertiger Rebenhahn
Rebenpokal, 25 cm hoch
Rebenkranz, Ø 25 cm
Seidenpapierreste, gelb, rot, weiß
5 Tulpen
2 Bund Primeln
3 bemalte Eier
1 Beutel Plattenmoos
1 Palmkätzchenspirale
Grünes Rispengras zum Füllen
Styrofoam-Steckmasse

So wird's gemacht

Zur Ausarbeitung des Rebenhahnes werden markante Partien, wie Kamm, Kehllappen, Schnabel, Flügel oder Schwanzfedern, mit Seidenpapierstückchen beklebt (siehe Abbildung).

Für die Flügelkontur drehen Sie einen Strang aus zerknülltem Seidenpapier und kleben ihn auf.

Den in der Größe passenden Rebenkranz mit der Klebepistole auf dem Pokalrand festkleben. Zum Füllen der Vase schneiden Sie ein größeres Stück Steckmasse zurecht. Diese wird anschließend mit Plattenmoos abgedeckt, das Sie entweder mit Drahtklammern oder Kleber befestigen. Nun den Stiel des Rebenhahnes kürzen und diesen mittig im Gesteck platzieren. Legen Sie die einzelnen Tulpen waagrecht auf, so dass sie teilweise aus dem Gesteck herausragen. Beidseitig des Rebenhahnes unterschiedlich lange Primelbüschel und Blätter in das Gesteck einarbeiten. Mit feinem Rispengras füllen Sie die Zwischenräume aus. Als Blickfang die bunt bemalten Eier im Korb arrangieren.

Passend zur Jahreszeit können Sie zusätzlich einen Palmkätzchenstrang als Abschluss um den Kranz winden.

Österliche Spirale

*Auf der Grundlage dieser unge-
wöhnlichen Rebenform lassen
sich zahlreiche Dekorations-
ideen entwickeln.*

Das wird gebraucht

Feine Rebenspirale
2 m Drahtband, kariert
2 m schmales Satinband, blau
2 Holzhasenstecker
4 Plastikeier, weiß, 4 cm lang
Acrylfarben
2 Mini-Spankörbchen
2 Stängel Glockenblumen
1 Rispe Feuerwinde
1 Beutel Plattenmoos
2 Efeuranken
Holzwolle
Bindedraht

So wird's gemacht

Die Rebenspirale aufziehen und in die
gewünschte Form biegen. Die Efeuranken winden
Sie nun von
unten begin-
nend um die
Spirale. Verein-
zelt kleine Plat-
tenmoosstückchen
auf der Oberseite
der Spirale verteilen
und ankleben. Die weißen
Plastikeier mit Acrylfarben

nach Wunsch bemalen. Anschließend die kleinen Körbchen mit Holzwolle und je einem Ei füllen. Holzhasen, Blüten, Spankörbchen und die bunten Eier auf der Spirale arrangieren und mit Klebstoff oder der Klebepistole befestigen.

Legen Sie das in der Farbe passende Drahtband in kleine Schleifen und binden Sie diese mit Draht auf die Spirale. Ein doppelt gelegtes schmales Satinband als Aufhängung um die Spirale schlingen.

Von Herzen

Diese Arbeit spricht auch ohne Worte eine deutliche Sprache.

So wird's gemacht

Zuerst das Styroporherz mit Kaltleim einseitig einstreichen; nachdem der Leim leicht angetrocknet ist, mit getrockneten Rosenblüten satt bestreuen. Nach dem Trocknen (ca. 1 Stunde) wird die zweite Seite des Herzens in der gleichen Weise beklebt.

Rosenarrangement

*Duftig und nobel wirkt diese sommer-
liche Gestaltung in zartem Blassgelb.*

Füllen Sie nun das Rebenherz locker mit
Dschungelgras. Das fertige Blütenherz
mit goldenem Effektdraht dünn umwickeln und mit der Klebepistole mittig
auf dem Rebenherz anbringen. Um das
Blütenherz herum befestigen Sie die
Blütenköpfe der Rosen, die wiederum
von Rosenblättern umrahmt werden.
Rosen und Blätter mit der Klebepistole
fixieren. Jetzt noch die Wachsperlen
und Goldherzen dekorativ auf dem Herz
verteilen und ankleben.

Auf einer Seite beginnend flechten Sie
nun das breite Schmuckband entlang
des Randes gleichmäßig durch das
Herz. Die Bandenden werden auf der
Rückseite zusammengeknotet. Mit aufgezogenem Feenhaar wird abschließend die Herzmitte umsponnen, mit
einem schmalen Goldband hängen Sie
das Herz auf.

So wird's gemacht

Die Keramikvase mit der entsprechend
zugeschnittenen Styrofoam-Steckmasse füllen. Der Vasenrand wird etwa 3 cm
breit mit Islandmoos abgedeckt, auf der
Steckmasse befestigen Sie es mit Klam-
mern oder Klebstoff. Wickeln Sie nun

mit feinem Golddraht das lose Rebenmaterial zu einem dünnen Strang oder
binden Sie den Rebenkranz auf und
ziehen Sie ihn zu einem Strang. Diesen
führen Sie nun vom Vasenboden aus
spiralförmig zum oberen Rand; das
übrige Rebenmaterial wird zu einem
Kranz geformt und auf den Rand
der Vase gelegt. Strangende und
Kranz mit der Klebepistole befestigen. Der Kranz wird mit längeren
Drahtklammern zusätzlich in der Steckmasse fixiert.

Nun beginnen Sie, kugel-
förmig von der Mitte aus
die einzelnen Rosenblü-
ten, angedrahteten
Äpfel und Blätter fül-
lig zu stecken. Verein-
zelte eingeklebte
Mini-Äpfel zieren
den Rebenstrang
auf der Vase. Aus

losem Rebenmaterial wer-
den Kränzchen und Herz
geformt und mit Gold-
draht umwickelt. Drei un-
terschiedlich lange Binsenhalme platzieren Sie mittig
im Gesteck und stecken die
zuvor gebundenen Reben-
formen mit auf die Stiele
auf. Bei Bedarf zusätz-
lich mit Klebstoff
fixieren.

Farblich passende Schmet-
terlinge unterstreichen
den duftigen
Charakter des
Gestecks.

Strandgut

Erinnerungen an Urlaubstage ...
Denken Sie auch einmal an eine derar-
tige Verarbeitung von Fundstücken.

Das wird gebraucht

1 Tonvase, etwa 30 cm hoch
Rebenstraußgestell, Ø 30 cm, oder
 1 Beutel Rebenmaterial, natur
1 Rest Fischernetz, orange
1 großer und 1 kleiner Seestern
2 Schneckenhäuser
Verschiedene kleine Muscheln
7 Rosen, apricot
5 Rosen, creme
Islandmoos natur
2 Rebenbüschel, gebleicht
Steckdraht
Styrofoam-Steckmasse
Kreppband

So wird's gemacht

Drapieren Sie ein größeres Netzstück
um die Tonvase; es wird am Vasenrand
mit Klebstoff fixiert. Im Fachhandel sind
Grundgestelle aus Reben zum Binden
von Sträußen erhältlich. Falls Sie keine
fertige Rebenform bekommen, formen
Sie aus losem Rebenmaterial ein Nest,

dieses Nest wird dann mit Steckdraht
auf eine mit Styrofoam gefüllte Vase
gesteckt.

In das Rebengestell oder Ihr Nest stecken Sie nun kugelig von der Mitte aus
die Rosenblüten. Fügen Sie einzelne angedrahtete Blätter, die Rebenbüschel,
den großen Seestern und ein Schnecken-
haus als Blickfang zwischen den Blüten
hinzu. Die beiden Dekoteile werden mit
der Klebepistole befestigt. Um den Re-
benrand kleben Sie die Muscheln und
den kleinen Seestern auf. Zwei Rebenbüschel und ein kleines Stück Fischernetz andrahten und zur Abrundung
des maritimen Gestecks in den Strauß
einarbeiten.

Die Stiele des Straußes auf die passende Länge kürzen, mit Kreppband umwickeln und den fertigen Strauß in die
Vase stellen. Einzelne Seesternchen und
Muscheln zieren das Netz.

Im Garten

Bringen Sie mit diesem Gesteck den Reichtum des Gartens in Ihr Haus.

So wird's gemacht

Beginnen Sie mit den langen Wiesenschaumstängeln, die die Mitte des Gestecks bilden. Anschließend werden in unterschiedlicher Höhe die Sonnenblumen angeordnet (siehe Abbildung). Zwischendurch den Strauß immer wieder mit Draht abbinden. Die Traube, einzelne Blätter und ein längliches Naturbastbüschel mit Steckdraht andrahten und in den Strauß einarbeiten. Ein aus losem Rebenmaterial zusammengebundenes Rebenbüschel und der hölzerne Gärtner bereichern die Mitte des Straußes. Sind alle Elemente eingearbeitet, binden Sie den Strauß fest mit Draht ab.

Zum Schluss werden die Erntefrüchte des Gärtners mit der Klebepistole dekorativ im Strauß platziert. Mit einzelnen angeklebten Blättern das herabhängende Bastbüschel verzieren, den Strauß passend ablängen und in eine Tonvase stellen.

Das wird gebraucht

1 Tonvase, 20 cm hoch
Rebenstraußgestell, flach
3 Sonnenblumen
1 Kürbis, Ø 3 cm
1 Apfel, Ø 4 cm
1 Weintraube
Verschiedene Blätter nach Wahl
Naturbast
1 Rebenzweigbündel
2 Stängel Wiesenschaumkraut
1 Holzfigur »Gärtner«
1 Beutel Islandmoos oder Plattenmoos, natur
Bindedraht, grün, Ø 0,35 mm

Fülliger Herbst

Reicher könnte sich die Erntezeit des Jahres kaum präsentieren.

Das wird gebraucht

Rebenfüllhorn, ca. 35-40 cm lang
Styrofoam-Steckmasse
Dschungelgras, oliv
2 Birnen
1 Apfel, Ø 8 cm
2 Schmuckperlen, grün
1 m Silberdraht, Ø 0,6 mm
2 Bund Himbeeren
2 Stängel Wiesenschaumblüten
1 Bund Weinlaub, gewachst
1 Traube, grün
1 Bund Lavendel
1 Stängel Schafgarbe, grün

So wird's gemacht

Mit der Klebepistole kleben Sie ein größeres rechteckiges Stück Styrofoam-Steckmasse in das Füllhorn ein. Zum Füllen des Rebengestecks werden zu-

erst die großen Weinlaubblätter um den Füllhornrand verteilt (siehe Abbildung).

Arbeiten Sie nun, mit der angedrahteten Weintraube beginnend, vom Boden des Horns aus die einzelnen Früchte, mit Silberdraht angedrahtete Schmuckperlen, gekürzte Blütenstängel, gebündelte Lavendelsträußchen und die Schafgarbendolden in das Füllhorn ein. Bei der Dekoration darauf achten, dass die Früchte etwas tiefer als die Blüten angeordnet werden. Verbleibende Zwischenräume werden mit Dschungelgras aufgefüllt, dazu wird dieses zu kleinen, unterschiedlich langen Büscheln angedrahtet.

● Tipp ●

Wenn Sie das Füllhorn mit Tannenzweigen, Äpfeln, Nüssen und Zimtsternen füllen, wird eine stimmungsvolle Weihnachtsdekoration daraus.

Fruchtmond

*Früchte, Gewürze, Bänder – die Füllung
dieses Rebenmonds, in dem Herbst und
Weihnachtszeit zusammenklingen, ist
etwas ganz Besonderes.*

So wird's gemacht

Das Rebengestell zuerst locker mit
Dschungelgras, Tannenzweigspitzen
und etwa 25 cm langen orangefarbenen
Bandstücken füllen. Die verschiedenen

Das wird gebraucht

Rebenmond, natur, Ø 50-60 cm
Rebenstern, natur, Ø 10 cm
Feenhaar, gold
Tannenzweige
4 Dekoäpfel, rot, Ø 4-5 cm
4 Dekoäpfel, grün, Ø 1,5 cm
10 Zimtstangen
1 Beutel Anissterne
1,20 m Drahtband, orange
Getrocknete Orangenscheiben
1 Beutel Dschungelgras, olivgrün
1,50 m schmales Goldband

Früchte und Gewürze werden in oder auf den Rebenkörper geklebt. Zu große Dekoteile vorsichtig mit einem Messer halbieren. Als Abschluss legen Sie ein feines Gespinst aus aufgezogenem Feenhaar über die Früchte.

Genauso wird auch der kleine Stern hergestellt. Mit schmalem Goldband hängen Sie diesen an der Mondspitze an; ein längeres Bandstück wird zur Befestigung des Gesamtarrangements an geeigneter Stelle am Mond angebracht.

Himmlischer Weihnachtsstern

Ohne große Mühe ist diese aparte Dekoration zum Fest fertig gestellt.

Das wird gebraucht

Rebenstern, natur, Ø 30 cm
50 cm Drahtband, creme, mit Goldrand
1,80 m schmales Goldband
Puttenkopf
3 Rosen, creme
Kleine Holzsterne, gold, etwa 1 cm groß
Tannen- und Wacholderzweige
Feenhaar, gold
Efeublätter
3 Glaskugeln, creme, Ø 4 cm
Golddraht, Ø 0,5 cm
Amberzapfen, gold
Styrofoam-Steckmasse

So wird's gemacht

Kleben Sie ein flaches Stück Steckmasse in die Mitte des Sterns. Nun werden abwechselnd kurze Tannen- und Wacholderzweige gleichmäßig verteilt um die Steckmasse gesteckt. Den Engelskopf und die entsprechend gekürzten Rosen in dekorativer Anordnung auf der Steckmasse festkleben. Zum Abdecken und Füllen des Aufbaus einzelne Efeublätter dazwischenkleben. Die Sterne und goldenen Zapfen dienen der Auflockerung und werden mit Klebstoff auf den Zweigen fixiert.

Jetzt befestigen Sie die Kugeln an drei unterschiedlich langen Goldbandstücken; sie werden mit Draht an der Unterseite des Sterns angehängt. Weitere Tannenspitzen zu einer Girlande verdrahten und diese zwischen den Kugeln einarbeiten. Als Aufhängung bringen Sie ein schmales Band an der Sternspitze an; darüber eine Schleife kleben. Loses Feenhaar vereinzelt auf das Gesteck auflegen.

Weihnachtsbaum im Gründekor

Ein festliches Bäumchen steigert die Vorfreude und passt überall im Raum.

Das wird gebraucht
Rebentanne, natur, 60 cm groß
2 Dekosterne, grün-gold
5 Glaskugeln, apfelgrün matt, Ø 4 cm
4 Glaskugeln, dunkelgrün matt, Ø 4 cm
1 m Zedernzweiggirlande
2 Dekoglassteinchen, grün
1,50 m Organzaband, grün-gold, mit Sternen
Feenhaar, gold
1 Rebenbüschel, fein
Golddraht, Ø 0,3 mm
1,30 m dicke Goldkordel

So wird's gemacht

Den Rebenkörper mit Feenhaar und etwa 30 cm langen Organzabandstücken locker gruppiert füllen. Vereinzelt werden auf unterschiedliche Länge geschnittene Zedernzweige in das Rebengeripppe eingeflochten. Den Stamm der Tanne füllen Sie mit feinem Rebenmaterial aus.

Mit feinem Golddraht werden nun die Glaskugeln auf der Tanne befestigt. Die einzelnen aufgeklebten Glassteinchen und großen Pappsterne verleihen dem Baum besonderen Glanz. Abschließend eine dicke Goldkordel um die Tanne winden.

Gefüllter Weihnachtskorb

Das Aussehen täuscht: Trotz der üppigen und aufwändigen Wirkung ist dieser dekorative Füllkorb einfach zu gestalten.

Nun wird der Korb einfach mit den verschiedenen Dekomaterialien gefüllt, wobei zu beachten ist, dass eine gleichmäßige Farbverteilung erfolgt.

Aus dem goldenen Drahtband binden Sie eine hübsche Schleife, die mit der Klebepistole am Korb angebracht wird. Den Rest des Bandes in kleine Stücke schneiden und als Füllmaterial zwischen die Kugeln, Äpfel und Zapfen einschieben. Als Abschluss legen Sie den in die Länge gezogenen Bouillondraht wie ein Gespinst über die Korbfüllung. Die kleinen Holzsterne über die Rebenstaken des Korbes stecken.

Das wird gebraucht

Rebenfüllkorb, ca. 45 cm hoch
1 lange Efeuranke
2 Beerenzweige, rot
2 m Drahtband, gold
Bouillondraht, gold, Ø 1,5 mm
6 Glaskugeln, apfelgrün matt, Ø 4 cm
1 Bund Glaskugeln, rot matt, Ø 3 cm
7 Äpfel, apfelgrün, Ø 4-5 cm
2 Äpfel, rot, Ø 8 cm
7 Äpfel, rot, Ø 4-5 cm
4 Holzsterne mit Loch
Je 3 Amberzapfen natur und gold
Bindedraht, fein

So wird's gemacht

Den Korb locker mit der Efeuranke und den roten Beerenzweigen umschlingen. An einigen Stellen drahten Sie die Ranke und die Zweige mit Bindedraht an.

• Tipp •

Als herbstliche Variante können Sie den Korb mit Zier-Kürbissen und Weintrauben füllen und den Korbfuß mit einer rustikalen Rupfenschleife verzieren.

Weihnachts-Rebenteller

Der festliche Schmuck dieses Reben-kranzes kommt auf einem großen, goldenen Teller besonders gut zur Geltung. Eine Kerze im Mittelpunkt macht die Tischdekoration perfekt.

Das wird gebraucht

Rebenkranz, grob, Ø 30 cm
Teller, gold, Ø 40 cm
Kerze, creme, Ø 10 cm
Efeu-, Tannen- und Kiefernzweige
Fichtenzapfen, natur
1 Terrakottaherz, gold
2 Terrakottasterne, gold
2 Bund Beeren, blau
4 Dekoäpfel, creme
2 m dünnes Goldband
3 m Juteschnur, rot
1,50 m Gittertüll-Drahtband, altgold
Feenhaar, gold
Golddraht, Ø 0,4 mm

den. Außerdem kleben Sie mit Heißkle-ber um den Kranz verteilt etwa 20 cm lange Gitterbandstücke ein, deren Enden zuvor mit Draht zusammengefasst wurden.

Ausgeschmückt werden Kranz und Ranke jetzt mit den Fichtenzapfen, Beeren, Dekoäpfeln und Terrakottateilen, die Sie dekorativ verteilen und mit der Klebe-pistole befestigen. Zum besseren Halt und als zusätzliche Verzierung können die schweren Terrakottaanhänger noch mit Golddraht befestigt werden.

Abschließend knoten Sie das schmale Goldband und die rote Juteschnur an beiden Enden zusammen. Ein Ende im Kranz einkleben und locker bis in die Ranke winden, wo die Enden mit Draht befestigt werden. Eine duftige Ergänzung für das Arrangement ist Feenhaar, das Sie lose auf den Kranz auflegen.

So wird's gemacht

Den Rebenkranz bekleben Sie zunächst mit vereinzelten Efeu-, Tannen- und Kiefernzweigen. Eine längere Efeuranke wird so angebracht, dass sie locker aus dem Kranz herausfällt. Zwischen der Efeuranke zusätzlich mit Golddraht auf-gefädelte Kiefernzweigspitzen einbin-

• Tipp •

Frische Efeuranken und Kiefernzwei-ge, frisch gesammelte oder getrock-nete Beeren verleihen dem Kranz einen besonders natürlichen Aus-druck.

Weihnachtlicher Sternenzauber

Vielleicht basteln Sie gleich mehrere solche Gestecke für einen wahren »Sternenregen«.

Das wird gebraucht

Rebenstern, natur, Ø 40 cm
Goldspray oder Nitro-Bastelfarbe, gold
Kugelkerze, Ø 10 cm
1 Stiel Christrosen
3 Terrakottaanhänger, gold
2 Bund Beeren, blau
Tannen- und Wacholderzweige
1 Bund Weinlaubblätter, grün-gold
Naturbast
Bouillondraht, gold, Ø 1,5 mm
Styrofoam-Steckmasse
Steckdraht, Ø 1,4 mm
Dschungelgras, oliv

So wird's gemacht

Ein passend zugeschnittes flaches Steck-schaumstück in die Mitte des Sterns kleben. Die Tannen- und Wacholder-zweige werden nun jeweils gegenüber-liegend in die Schaummasse einge-steckt (siehe Abbildung). Zum Füllen der restlichen Styrofoamfläche Dschun-gelmoos verwenden.

turbast mit Draht zwei kleine Schleifen binden, diese mit Goldspray oder Bastelfarbe teilweise besprühen oder bemalen. Nach dem Trocknen die Schleifen in das Gesteck einfügen.

Die Terrakottaanhänger auf den Zweigen arrangieren und festkleben. Mit feinem Bouillondraht, den Sie in die Länge ziehen, wird das fertige Gesteck verziert. Zum Schluss die angedrahtete Kerze in der Mitte platzieren.

Damit die Kerze später auf dem Stern befestigt werden kann, müssen kurze Drahtstücke vorsichtig in den Kerzenboden eingedrückt werden. Dazu erhitzen Sie die Drahtenden an einer Kerzenflamme.

Die abgelängten Christrosen und Beerenbüschel mit der Klebepistole zwischen den Zweigen befestigen. Aus Na-

● Tipp ●

Die Spitzen des Rebensterns können Sie nach Wunsch mit Gold- oder Silberspray besprühen oder mit Bastelfarbe bemalen.

Die Deutsche Bibliothek – CIP-Einheitsaufnahme

Rebendeko rund ums Jahr : Gestecke, Sträuße, Wand- und Türschmuck / Sigrid Heinzmann. – München : Augustus-Verl., 2000
(Ideenkiste : Dekorieren)
ISBN 3-8043-0705-1

Jede gewerbliche Nutzung der Arbeiten und Entwürfe ist nur mit Genehmigung von Verfasserin und Verlag gestattet.

Fotografie: Klaus Lipa, Diedorf bei Augsburg
Arbeitsfotos: S. Heinzmann
Lektorat: Eva-Maria Müller, Augsburg
Umschlagkonzeption: Kontrapunkt, Kopenhagen
Umschlaglayout: Angelika Tröger
Reihenkonzeption: Kontrapunkt, Kopenhagen
Layout: Anton Walter, Gundelfingen

AUGUSTUS VERLAG, München 2000
© Weltbild Ratgeber Verlage GmbH & Co. KG

Satz: Gesetzt aus 9,5 Punkt The Sans von DTP-Design Walter, Gundelfingen
Reproduktion: Uhl + Massopust, Aalen
Druck und Bindung: Offizin Andersen Nexö, Leipzig

Gedruckt auf 135 g umweltfreundlich chlorfrei gebleichtes Papier.

ISBN 3-8043-0705-1

Printed in Germany